Bríste an Cheoltóra

Bríste an Cheoltóra

Pádraig Standún

Cló Iar-Chonnacht
An Spidéal
Conamara

An chéad chló 2019

ISBN 978-1-78444-202-6

Dearadh: Deirdre Ní Thuathail / Clifford Hayes
Dearadh clúdaigh: Clifford Hayes

Foras na Gaeilge

Tá Cló Iar-Chonnacht buíoch de Fhoras na Gaeilge as tacaíocht airgeadais a chur ar fáil.

the arts council / An Chomhairle Ealaíon — cistiú litríocht — artscouncil.ie

Faigheann Cló Iar-Chonnacht cabhair airgid ón gComhairle Ealaíon.

Clóchur: Cló Iar-Chonnacht, an Cheardlann, an Spidéal, Co. na Gaillimhe.
Teil: 091-593307 **Facs**: 091-593362 **r-phost**: eolas@cic.ie
Priontáil: iSupply, Gaillimh.

Is beag a cheap Jessica nuair a tháinig sí chuig an gcoláiste samhraidh go mbeadh sí ag freastal ar ranganna ceoil. Ní raibh sí ag dul chuig na ranganna sin i ndáiríre ach mar go raibh spéis ag Simon sa gceol Gaelach. Theastaigh uaidh foghlaim ón máistir, seanfhear a bhí ina chónaí sa teach ceann tuí in aice leis an teach lóistín ina raibh Simon é féin agus buachaillí eile ag fanacht.

Bhraith Jessica go raibh sí i ngrá le Simon. Ba é an buachaill ba dheise a casadh riamh uirthi é. Ní raibh tada ráite ag ceachtar acu, ach ba léir go raibh siad an-mhór lena chéile. Tharla le taobh a chéile i gcónaí iad, sa rang, ag an trá, nuair a bhí cluiche ar siúl nó ag an gcéilí san oíche. Bhí na cailíní eile sa teach lóistín agus bean an tí í féin anois ag magadh faoin mbeirt acu. D'éiríodh a héadan dearg le sórt náire, ach ba chuma léi. Bhí an ceart ar fad acu. Bhí sí i ngrá.

Níor chreid Jessica focal a dúirt bean an tí an chéad oíche agus í ag caint ar na scoláirí Gaeilge. "Bíonn siad ag caoineadh nuair a thagann siad, agus bíonn siad ag caoineadh arís nuair a imíonn siad, agus an bhfuil a fhios agaibh cén fáth? Titeann siad i ngrá, chuile dhuine acu."

B'fhada ó ghrá a bhraith Jessica an oíche chéanna agus í ag cuimhneamh ar an mbaile agus céard a bheadh ar siúl ann ag an nóiméad sin. Níor mhothaigh sí chomh huaigneach riamh ina saol. Bhí bean an tí fós ag caint. "Fan go bhfeicfidh sibh. Beidh chuile dhuine agaibh ag caoineadh ag dul abhaile daoibh fós."

Bhí siad thart ar leath bealaigh tríd an gcúrsa faoin am seo agus chuir sé iontas an domhain ar Jessica nár smaoinigh sí ar an mbaile ach anois is arís. Bhí sí iontach sásta, ar ndóigh, nuair a tháinig a hathair agus a máthair agus a deartháir óg Jeaic Dé Domhnaigh agus chaith siad tamall le chéile ar an trá. Shíl Jeaic gur neamh ar talamh a bhí san áit mar go raibh siad i bhfad ón bhfarraige sa mbaile. Chaith a hathair agus é féin an chuid is mó den tráthnóna san uisce, ag snámh is ag spraoi, a madra beag, Luas, in éindí leo. Níor fhan Jessica ná a máthair chomh fada sin sa taoille. Shuigh siad le taobh a chéile ar an ngaineamh.

"An bhfuil uaigneas ort?" a d'fhiafraigh a máthair.

"Bhí ar dtús," ar sise, "ach níl sé ródhona anois."

"An airíonn tú uait an baile? Is beag a bhíonn le rá agat sna téacsanna a chuireann tú abhaile."

"Bíonn rud eicínt le déanamh anseo i gcónaí. Bíonn muid coinnithe ag imeacht ó mhaidin go hoíche. Is beag am a bhíonn le spáráil le rud ar bith eile a dhéanamh. Níl sé ceadaithe téacs a sheoladh ach corruair."

"Is cuma linn ach tú a bheith sona sásta, agus caithfidh mé a rá go bhfuil tú ag breathnú thar cionn."

"Tá an cúrsa ceart go leor," a d'fhreagair Jessica ar nós cuma liom, ach ina croí istigh bhí a fhios aici go raibh sé i bhfad níos fearr ná ceart go leor. Bhí Simon anseo. Bhí Simon go hálainn. Bhí Simon go hiontach, ach ní fhéadfadh sí é sin a rá lena máthair.

Labhair siad faoin dinnéar agus na béilithe eile a fuair siad sa teach lóistín ina raibh na cailíní ar an gcúrsa ag fanacht. Bhí a máthair imníoch nach raibh sí ag fáil a dóthain le n-ithe. Tar éis chomh maith is a bhreathnaigh sí, bhí meáchan caillte aici ó d'fhág sí an baile.

"Idir snámh agus chluichí agus rince, ní iontas ar bith é," a dúirt Jessica. "Beidh bean an tí s'againne ar an gclár *Bean an Tí sa Chistin* ar TG4 an chéad oíche eile. Tá sí thar cionn ar fad mar chócaire. Bíonn chuile rud a fhaigheann muid thar a bheith blasta."

"An bhfuil cairde déanta agat?" a d'fhiafraigh a máthair. "Ní raibh aithne agat ar dhuine ar bith sular tháinig tú anseo."

Ba bhreá le Jessica inseacht di faoi Simon, ach níor fhéad sí. Labhair sí féin agus a máthair faoi chuile rud i gcónaí go dtí sin, ach den chéad uair ina saol bhraith sí gur rud é seo nach mbeadh sí in ann a mhíniú.

"Chuir sé iontas orm a chloisteáil go bhfuil tú ag dul chuig rang ceoil," a dúirt a máthair.

"Nach bhfuil mé ag dul chuig ranganna ceoil ó bhí mé i mo ghasúr?"

"Sin pianó, agus de réir do chuid cainte bhí an ghráin agat air."

Chroith Jessica a guaillí. "Bhí sé ceart go leor, ach bhí an té a bhí ag múineadh thar a bheith crua. Gan trácht ar a bheith crosta."

"Cén chaoi a bhfuil ag éirí leat ar an veidhlín?"

"Fidil," a d'fhreagair Jessica. "Fidil a thugann siad air anseo."

"Agus cá bhfuair tú an ... an fhidil?"

"Is leis an gcoláiste iad. Faigheann muid ar iasacht iad."

"Beidh mé ag tnúth le thú a chloisteáil."

"Tá an ceol atá agamsa ar nós cait ag meamhaíl faoi láthair," a d'fhreagair Jessica. "Beidh orm a bheith i bhfad eile ag cleachtadh sula mbeidh tiún ar bith ar eolas agam."

"Bíonn obair chrua i gceist le haghaidh beagnach chuile rud atá fiúntach ar an saol seo," a dúirt a máthair.

Tháinig Luas, an madra, as an uisce agus chroith sé é féin i ngar dóibh, ag cur uisce ar fud na háite agus ag baint gáire amach, gan trácht ar scréachaíl. Rug Jessica ar an madra agus thug sí barróg dó cé go raibh a gúna éadrom fliuch báite ina dhiaidh. "Is le Jeaic anois thú, go huile is go hiomlán" ar sise. "Ní thabharfaidh tú aird ar bith ormsa níos mó." Rinne Luas a héadan a líochán lena theanga agus fuair sé barróg eile ó Jessica dá bharr. "Maith an gadhairín. Tá tú mór liom arís."

"B'fhéidir nár aithin sé i gceart thú i dtosach báire," a dúirt a máthair.

"B'fhearr leis a bheith san uisce ná rud ar bith," arsa Jessica, "agus is deacair milleán a chur air."

Thóg a hathair ciseán as an gcarr, agus bhí picnic acu, le sú oráiste agus ceapairí agus brioscaí, iad ag gáire faoi Luas a d'ith níos mó de na brioscaí ná duine ar bith acu.

Shíl Jessica go mbeadh a croí briste nuair a bheadh a muintir ag imeacht abhaile an tráthnóna sin, ach ní raibh. Bhí a fhios aici go mbeidís sa mbaile roimpi nuair a bheadh a tréimhse sa choláiste thart, ach bhí Simon anseo, agus d'fheicfeadh sí ag an gcéilí é ar ball.

* * *

Bhí Simon ina shuí ar bhalla íseal gar don teach ina raibh sé ag fanacht agus é ag iarraidh ceol a bhaint as an bhfidil. Bhí sé díbrithe amach as an teach ag na buachaillí eile mar gur dhúirt siad go raibh a chuid iarrachtaí ar cheol ar nós caoineadh mná sí. Bhí sé ar a mhíle dícheall ag iarraidh an ceacht a thug an seanfhear a bhí ina mhúinteoir ceoil aige dó a fhoghlaim sula ngabhfadh sé le haghaidh an chéad seisiúin eile.

"Deaideo" a thugadh chuile dhuine ar an seanfhear cé nárbh é seanathair na ngasúr a bhí ag foghlaim ceoil uaidh é ach athair bhean an tí ina raibh Simon ag fanacht. Thugadh sise Deaideo air mar gurb é seanathair a cuid gasúr féin é, agus b'amhlaidh do na scoláirí Gaeilge chomh maith é. Ní raibh a fhios ag duine ar bith de na buachaillí a bhí ag cur fúthu sa teach cén t-ainm ceart a bhí air.

Bhí sórt faitís ar Simon roimh Dheaideo i dtosach mar gur labhair sé an-ard. Shílfeá gur ag tabhairt amach duit a bhí sé nuair nach raibh sé ach ag iarraidh ceacht a mhúineadh. Mhínigh bean an tí gur bodhar a bhí sé agus go raibh air labhairt chomh hard sin len é féin a chloisteáil.

"Cén chaoi a bhfuil sé in ann an ceol a chloisteáil mar sin?" a d'fhiafraigh Simon.

"Is minic a cheapaim gurb in é an t-aon rud a chloiseann sé," a dúirt a iníon. "Airíonn sé an rithim taobh istigh de in áit eicínt. D'fhéadfá a rá nach bhfuil sé beo i gceart ar chor ar bith ach nuair atá sé ag casadh ar an bhfidil."

Bhí Simon ag súil go raibh Jessica ag cleachtadh an oiread is a bhí sé féin. Ní raibh sí chomh maith sin an oíche cheana. Dúirt Deaideo nach raibh a dóthain taithí aici fós agus gan teacht ar ais go dtí go mbeadh. Shíl Simon go mbeadh sé aisteach dul tigh Dheaideo dá huireasa. Ní hé go raibh faitíos air roimh an seanfhear ní ba mhó, ach thaitin cuideachta Jessica go mór leis. Thaitin leis í a bheith lena thaobh. Bhraith sé nach mbeadh cuma ná caoi ar na ranganna ceoil muna mbeadh sí ann in éindí leis.

Bhí Simon agus Jessica an-mhór lena chéile cé nár theangmhaigh siad lena chéile riamh. Ní fiú is go raibh siad i ngreim láimhe ina chéile. Maidir le póg a bheith eatarthu, bhí a léithéidí sin i bhfad rompu fós. Ba leor faoi láthair a bheith mór lena chéile, a bheith ag caint lena chéile go minic, a bheith i gcuideachta a chéile. Aoibhneas a bhí sa méid sin.

Céard a tharlódh nuair a thiocfadh deireadh leis an gcúrsa? Nuair a bheadh ar chaon duine dul abhaile? Nuair a bheadh céad míle nó níos mó eatarthu? Nuair nach mbeidís in ann an chuid is mó den lá a chaitheamh i gcuideachta a chéile? Chuimhneoidís air sin níos gaire don am, a cheap Simon. Bhí deich lá eile acu. Deich lá i ngairdín Pharthais. Nár leor sin i láthair na huaire?

Cé nach raibh an Teastas Sóisearach déanta ag ceachtar acu fós, shamhlaigh Simon go mbeadh sé féin agus Jessica ag an ollscoil chéanna faoi cheann trí bliana nó mar sin. Bheidís beirt go maith ar an bhfidil faoin am sin agus chaithfidís gach Satharn i mbun ceoil ar na sráideanna le hairgead póca a shaothrú. Phósfaidís chomh luath is a bheadh a gcéim tríú leibhéal bainte amach acu sa gceol, agus mhúinfidís ceol dá gcuid gasúr beagnach chomh luath is a thiocfaidís ar an saol.

Dhúisigh Simon óna bhrionglóid lae go tobann nuair a tháinig cuid de na buachaillí eile a bhí ar an gcúrsa leis amach as an teach lóistín ar a chúl i ngan fhios dó. D'fhan siad ar a ngogaide ar chúl an chlaí. Bhí an píobán uisce a bhíodh ag fear an tí le huisce a chur ar na bláthanna acu agus scairt siad ina threo é. D'éirigh Simon de léim nuair a bhuail an t-uisce ar an droim é, ach d'éirigh leis an fhidil a choinneáil tirim. Bhí sé ar buile leo. "An bhfuil sibh le n-íoc as an bhfidil má dhéanann sibh praiseach de?" a dúirt sé go hard is go feargach.

Lig na buachaillí eile orthu go raibh aiféala agus náire orthu, nach ndéanfaidís a leithéid arís, ach rinne siad neart gáire mar sin féin. Níor sheas cuthach feirge Simon i bhfad. Níorbh fhada go mbeadh sé féin agus Jessica le chéile arís, ceol á fhoghlaim acu ón máistir.

* * *

Bhí an fear a dtugadh na scoláirí Gaeilge Deaideo air ina shuí sa gclúid in aice na tine ina theach cónaithe agus é réidh le dhul a chodladh ina léine agus na fo-éadaí fada sin ar a dtugtar *longjohns*. Bhí an raidió agus an teilifís ar siúl ag an am céanna, chaon cheann acu casta suas go hard, ceol Gaelach ar an raidió agus sobaldráma ar an teilifís. Tháinig cnag ar an doras, ach níor chuala sé é. Níor chuala sé na deich gcinn eile a tháinig ina dhiaidh ach an oiread.

"Níl sé istigh," arsa Jessica le Simon taobh amuigh. Theastaigh uaithi imeacht mar bhraith sí nach raibh a dóthain cleachtaidh déanta aici ar an bhfidil ón gceacht deireanach a bhí acu.

"Chaithfeadh sé go bhfuil sé ann," ar seisean. "Nach gcloiseann tú an torann sin taobh istigh sa teach?"

"Ní fhéadfadh sé cnag a chloisteáil lena bhfuil de thorann taobh istigh. Gabh i leith uait. Tiocfaimid ar ais tráthnóna eile."

"Táimid ag íoc as an gceacht," an freagra a thug Simon. "Is dóigh go bhfuil sé ag súil linn."

"Oscail an doras go bhfeicfidh tú," a dúirt Jessica.

Bhí beagáinín imní ar Simon. "Oscail thú féin é. Céard faoi má thagann sé inár ndiaidh lena mhaide nó rud eicínt?"

"Tá aois mhór aige. Ní bheadh sé in ann coinneáil suas linn."

"Bíonn gunnaí ag go leor de na seandaoine. Len iad féin a chosaint."

"Nílimid amuigh i measc na mbuachaillí bó," arsa Jessica go dána. "Oscail an doras, maith an fear. B'fhéidir go bhfuil sé ina chodladh nó rud eicínt."

Bhreathnaigh Simon ar a uaireadóir. "Nach ag a hocht a chlog a dúirt sé linn a bheith anseo? Beidh sé oibrithe má bhímid deireanach." D'oscail Jessica an doras.

D'éirigh an seanfhear ón gclúid. "Cá bhfuil sibhse ag dul an tráth seo d'oíche?" a d'fhiafraigh sé.

"Táimid anseo don rang ceoil." Labhair Simon chomh hard is a bhí sé in ann.

Chuir an seanfhear lámh lena chluais dheas. "Táim beagáinín bodhar. Caithfidh tú labhairt os ard."

Shín Jessica a lámh i dtreo an raidió agus an teilifís. "Ní féidir tada a chloisteáil leis an torann seo."

Bhí sé soiléir nár chuala an seanfhear a gcuid cainte. "Tá a fhios agam anois é. Tá sibh ag iarraidh ceadúnas teilifíse. Is pinsinéir mé. Faighim na rudaí sin saor in aisce."

Chroith na daoine óga a gcloigeann. Chuimhnigh Jessica ar phlean. Chuir sí a fidil amach roimpi. "Táimid anseo i gcomhair an cheoil. Bhí coinne againn le haghaidh a hocht a chlog."

"Ceol?" a d'fhiafraigh sé. "Tá sé in am codlata. Ní féidir liom ceol a chasadh le mo bhríste bainte díom. Nach bhfeiceann sibh go bhfuil mé réidh don leaba? Tuige nach dtagann sibh ar ais ar maidin?"

"Beidh ranganna Gaeilge againn ar maidin."

"Céard? Labhraígí amach."

Bhí a fhios ag Simon agus Jessica nach ndéanfaidís aon mhaith agus d'fhág siad an teach. Chomh luath is a bhí siad taobh amuigh den doras thosaigh an bheirt acu ag gáire in éindí. Níor stop siad go dtí go raibh siad leathchéad méadar ón teach.

"Ná habair go bhfuil sé ag iarraidh dul a chodladh leis an torann sin ar siúl," a dúirt Jessica.

"Cén difríocht a dhéanann sé, agus é chomh bodhar le slis?" arsa Simon.

"Sin deireadh leis an gceol," a dúirt Jessica go díomách.

"Sin deireadh leis an gceol go fóill," an freagra a thug Simon.

"D'fhéadfadh an rud céanna tarlú an chéad uair eile."

"Ní tharlóidh," ar seisean, "mar beidh a iníon linn, bean an tí s'againne. Sin é an difríocht a bhí ann an uair dheireanach. Bhí sise in éindí linn. Thuig sé na rudaí a bhí sí a rá. Is léir nár thuig sé muide."

"Is léir nár chuala sé muide," arsa Jessica.

Shiúil siad leo go mall, am le spáráil anois acu mar nach mbeadh an rang ceoil ann. Ní raibh deifir ar cheachtar acu ar ais chuig a dteach lóistín. Theastaigh uathu a bheith i gcuideachta a chéile, ach bhí sórt teannais eatarthu. Bhí sé mar a bheadh siad rite amach as rudaí le rá le chéile anois go raibh deis acu labhairt gan aon duine eile timpeall orthu, rud nár tharla go minic ó tháinig siad chuig an gcoláiste.

Jessica a bhris an tost. "Cá bhfuilimid ag dul?"

Rinne Simon gáire beag. "Níl a fhios agam."

"An bhfuil tú ag iarraidh dul chuig an gcéilí?"

"Is cuma liom," ar seisean. "Ach níl mé ag iarraidh

dul ag rince. Chas mé mo rúitín ar an bpáirc peile inniu, agus níor mhaith liom brú rómhór a chur air."

"Níor cheart duit a bheith ag siúl, mar sin," a dúirt Jessica.

"Níl an siúl ag cur as dom an fhad is nach bhfuil sé ar choincréit nó ar thalamh atá crua."

Bhí moladh ag Jessica. "D'fhéadfaimis siúl ar an trá ar feadh tamaill. Tá an gaineamh bog."

Trá mhór mhillteach a bhí ann, le carraigeacha móra ag gobadh aníos anseo is ansiúd. Chuir siad as beagán do dhreach na trá, ach thug siad foscadh ó ghaoth agus ó ghrian nuair a bhí sé sin ag teastáil. Bhí an ghrian íseal sa spéir faoin am seo ach bhí an tráthnóna brothallach. Shuigh Simon agus Jessica síos le taobh a chéile, a ndroim le bun carraige. Chiceáil Jessica ceann dá bróga éadroma san aer, agus nuair a bhain sé sin gáire amach, chuir sí an ceann eile ina diaidh. Rinne Simon aithris uirthi agus chuir sé a bhróga féin san aer ar an gcaoi chéanna.

"Céard a dhéanfaimid anois?" a dúirt Jessica.

"D'fhéadfaimis ceol a chleachtadh," a d'fhreagair Simon, ag breith ar an mbosca ina raibh a fhidil. "Chaill muid an ceacht, ach ní gá an oíche a chur amú go huile is go hiomlán."

Thosaigh siad ag casadh, ach chuir a gcuid iarrachtaí díomá ar an mbeirt acu. Tháinig na chéad nótaí amach ceart go leor ach sianaíl a bhí ann ina dhiaidh sin. Lean siad orthu ar feadh tamaill, ach ní raibh cosúlacht ann go raibh siad ag feabhsú ar bhealach ar bith. Chuir Jessica a fidil ar ais ina cás agus dhún sí é de phreab. "Am amú atá anseo," a dúirt sí. "Táimse le n-éirí as ar fad. Ní bheidh mé i m'fhidléir go brách."

"Ar chuala tú an rud a dúirt Deaideo ar ball?" a dúirt Simon. "Nach raibh sé in ann casadh nuair nach raibh a threabhsar air?"

"Níor thug mé aird ar rud ar bith a dúirt sé," ar sise, "mar nach raibh ann ach seafóid. Níl a fhios agam ach an oiread cén fáth a dtugann tú Deaideo air nuair nach bhfuil gaol ar bith agat leis."

"Níl a fhios agam cén t-ainm ceart atá air," a d'fhreagair Simon. "Deaideo a thugann chuile dhuine air."

"Pádraig Mhaidhc Taim atá air," arsa Jessica. "Chuala mé bean an tí ag caint air lena fear céile inniu. Bhí siad ag rá gurb é an fidléir is fearr sa tír é, ach is beag an mhaith é sin dúinne mura bhfuil muid in ann foghlaim uaidh."

"Má leanann muid orainn ag cleachtadh . . . " arsa Simon.

"Am amú," a dúirt Jessica. "Chaithfeadh sé go bhfuil bealach níos éasca ann."

"B'fhéidir go bhfuil."

"Má tá, tuige a bhfuilimid ag cur an oiread struis is anró orainn féin?" a d'fhiafraigh Jessica.

"An bhfuil a fhios agat an rud sin a dúirt Deaideo, nó Pádraig Mhaidhc Taim, más fearr leat," a dúirt Simon, "faoi nach raibh sé in ann ceol a chasadh gan a threabhsar?"

"Cén bhaint atá aige sin leis an scéal?" a d'fhiafraigh Jessica.

"An é atá sé a rá gur ina bhríste, sa treabhsar, atá an ceol?"

"Ag magadh atá tú?"

"D'fhéadfaimis é sin a rá leis an dream eile atá ag iarraidh an fhidil a fhoghlaim," arsa Simon. "Gur i mbríste Phádraig Mhaidhc Taim atá an ceol."

"Níl said ina n-amadáin chomh mór sin," arsa Jessica.

"D'imir cuid de na buachaillí cleas gránna ormsa tráthnóna." D'inis sé di faoin gcaoi ar fhliuch said é agus é i mbun chleachtaidh. "Ba bhreá liom iad a fheiceáil agus iad ag iarraidh treabhsar Dheaideo a ghoid."

"Céard faoi dá mbeadh sé fíor?"

"Tá a fhios agat go maith nach bhfuil."

Chroith Jessica a guaillí. "Ach cuir i gcás . . . ?"

Smaoinigh Simon ar feadh tamaill sular fhreagair sé. "D'fhéadfaimis a fháil amach an bhfuil sé fíor nó nach bhfuil. D'fhéadfaimis a threabhsar a ghoid nuair atá sé ina chodladh. Is gearr go mbeidh a fhios againn ansin an bhfuil sé fíor nó nach bhfuil."

"Seafóid amach is amach," an tuairim a bhí ag Jessica. "Ach . . . níl a fhios agam."

"Bheinn sásta é a thriail. Má tá tusa."

"Ta tú imithe glan as do mheabhair," an freagra a thug Jessica. "Cén chaoi a bhfuilimid leis an treabhsar a bhaint de? Chuala mé caint ar chlog a chur ar chat, ach treabhsar a bhaint de sheanfhear?"

"Táim ag caint ar threabhsar atá bainte de cheana féin a fháil ar iasacht," arsa Simon.

"Níl ciall ná réasún leis," an dearcadh a bhí ag Jessica.

Bhí Simon mar a bheadh sé ag cuimhneamh os ard. "Tuige a seasann ceoltóir amháin amach thar cheoltóirí uilig na tíre?"

"Mar go bhfuil bua faoi leith aige nó aici ina gcuid lámha, agus mar go bhfuil taithí an diabhail aige ar an ngléas ceoil."

"Ach cá bhfios duit gur sna lámha atá an bua? Céard faoi da mba rud é go raibh an draíocht i mball éadaigh eicínt?"

"Ar nós a bhríste," a d'fhreagair Jessica go magúil. "An bhfuil tú ag rá gurb é an treabhsar céanna atá aige ó bhí sé ina ghasúr?"

"B'fhéidir go bhfuil píosa den stuif céanna ann. Ar nós taise naofa atá tugtha ar aghaidh ó ghlúin go glúin mar go bhfuil cumhacht faoi leith ag baint léi. *Relic* mar a déarfá."

Bhí ceist ag Jessica. "An mbeadh tú sásta taise beannaithe mar sin a ghoid ó theach an phobail?"

"Dhéanfainn, dá ndéanfadh sé maith duitse nó do dhuine eicínt eile."

"Dá ndéanfadh sé maith duit féin atá tú a rá."

"Níl sé sin i gceist sa gcás seo," a d'fhreagair Simon. "Nílim ag caint ar aon rud a ghoid, ach ar a fháil amach an bhfuil bealach níos furasta le ceol a fhoghlaim. Bealach níos éasca ná cleachtadh is taithí ó mhaidin go faoithin."

"Cén uair a bhfuil tú ag caint ar é seo a dhéanamh?" a d'fhiafraigh Jessica.

"An bhfuil aon am níos fearr ná an t-am i láthair?"

"Béarfar orainn. Cuirfear abhaile ón gcoláiste muid," a dúirt Jessica.

"Éist liomsa," arsa Simon. "Tá a fhios againn go bhfuil Deaideo réidh le dul a chodladh. Tá a fhios againn go bhfuil sé bodhar. Táimid ceaptha a bheith ina theach go dtí a leathuair tar éis a naoi, ag foghlaim ón máistir. Céard a d'fhéadfadh tarlú?"

Ní raibh Jessica chomh cinnte céanna. "Nílim ag iarraidh aon rud a ghoid."

"Ní ag goid a bheas muid, ach ag fáil amach cárb as a bhfuil bua an cheoil ag teacht."

"Ag teacht ón gcroí agus ón anam, a déarfainnse," arsa Jessica, "gan trácht ar obair chrua. Róchrua, ceapaimse."

"Ach má éiríonn linn a chruthú gur sa treabhsar atá suíomh an cheoil, beidh éacht déanta againn ar mhaithe le lucht foghlamtha ceoil uile na tíre, lucht foghlamtha ceoil ar fud an domhain."

"Ní bheinn ag súil le duais Nobel fós," arsa Jessica go dubhach. "Tuige a mbeadh ceoltóir ag iarraidh eolas den tsórt sin a choinneáil dó féin?"

"Le nach mbeadh duine ar bith eile chomh maith leis," a d'fhreagair Simon. "Nach bhfaca tú féin é. Fear aisteach atá ann. Fear sórt draíochta. Ní chuirfinn rud ar bith thairis."

"Ní chuirfinnse ach an oiread," arsa Jessica, ach ní raibh sí ag cuimhneamh ar na rudaí céanna. "Ní chuirfinn milleán air dá dtabharfadh sé faoi dhaoine a bheadh ag iarraidh a chuid éadaigh a ghoid."

Chroith sí a guaillí. "Gabh i leith uait, mar sin." Nuair a bhí siad ar an mbealach chuig teach an cheoltóra, d'fhiafraigh sí, "Céard faoi má tá an treabhsar in aice leis ar a leaba? Nó sa seomra codlata?"

"Nach bhfaca tú é? Tá sé crochta ar an líne trasna na tine."

"Agus má tá níos mó ná treabhsar amháin aige?" a dúirt Jessica. "An bhfuil an chumhacht i chuile cheann acu?"

"Níl uaitse ach éalú trí leithscéal amháin nó leithscéal eile," arsa Simon, ag imeacht uaithi. "Ná bac leis muna bhfuil tú lándáiríre faoi."

Rith Jessica in dhiaidh. "Níor dhúirt mé nach ngabhfainn leat. Ní raibh uaim ach na deacrachtaí a phlé, ar fhaitíos go ndéanfadh muid botún."

Rug Simon ar lámh uirthi agus bhraith Jessica go raibh sí sásta dul i gcontúirt ar bith in éindí leis.

"Fágfaimid an dá fhidil anseo," a dúirt Simon nuair a bhí siad i ngar don teach ceann tuí. "Is féidir linn iad a fhágáil faoin gcrann beag seo."

Bhí smaoineamh níos fearr ag Jessica. "B'fhearr go mbeidís ar iompar againn. Nach bhfuil cead againn dul chuig an teach le haghaidh rang ceoil? Má fheiceann daoine ag teacht amach gan fidil muid, céard a cheapfaidh siad?"

"Smaoineamh maith," arsa Simon. Tháinig siad chomh fada leis an doras. Bhí an raidió agus teilifís le cloisteáil fós ón taobh istigh. Bhuail an fear óg cnag ar an doras cúpla uair sular oscail sé é. Ní raibh sé ag súil le freagra ach bhí sé ag iarraidh a bheith múinte. Chuir sé a chloigeann isteach agus bhreathnaigh sé ina thimpeall. Bhí na cuirtíní tarraingthe agus ní raibh de sholas ann ach an méid a bhí ag teacht ón teilifís. Ní raibh duine ar bith le feiceáil.

"Isteach leat agus beir ar an mbríste," arsa Simon le Jessica i gcogar. "Tá tú níos éadroime ar na cosa ná mise."

"Tá an líne ró-ard," ar sise. "Is airde tusa ná mise."

Chuaigh Simon trasna an urláir go sciobtha, ach

bhí an ceart ag Jessica. Bhí an treabhsar crochta ró-ard le breith air fiú amháin tar éis cúpla léim a chaitheamh. Bhreathnaigh sé thart go bhfeicfeadh sé cá raibh an líne ceangailte le go bhféadfadh sé é a scaoileadh anuas beagáinín. Ach bhí an áit ródhorcha. Chuaigh Simon ar ais chomh fada le Jessica a bhí ag coinneáil an dorais oscailte, ar fhaitíos go gcaithfidís rith.

"Caithfidh tú dul suas ar mo dhroim," a dúirt sé. "Níl mé in ann breith ar an deamhan de threabhsar sin." Go drogallach a rinne sí é. Chrom Simon agus chuir sí a cosa thar a ghuaillí sular éirigh sé ina sheasamh. Thosaigh sé ag siúl go mall i dtreo na líne.

"Ó, a Dhia!" a bhéic sé nuair a mhothaigh sé an meáchan ar an rúitín a gortaíodh ar an bpáirc peile. D'imigh na cosa faoi. Bhraith Jessica go raibh chaon duine acu ag titim. Rug sí ar an éadach a bhí roimpi ar an líne sular chríochnaigh an bheirt acu i mullach a chéile ar an urlár, Simon ag éagaoineadh leis an bpian, Jessica sna trithí ag gáire.

"Céard atá chomh barrúil?" a d'fhiafraigh Simon, agus olc air.

"Chuile rud," a d'fhreagair Jessica. "Fág seo," ar sí. "Fág seo go beo, nó béarfaidh fear an tí orainn."

"Níl mé in ann éirí," arsa Simon. "Tá mo chos briste."

Rug Jessica ar lámh air len é a chur ina sheasamh. "Gabh i leith uait. Is í do thóin a bheas briste má bheireann sé seo orainn." Tharraing Jessica Simon ina diaidh chomh maith is a bhí sí in ann go dtí go raibh siad taobh amuigh, agus tharraing sí an doras ina ndiaidh.

* * *

Ní raibh a fhios ag Pádraig Mhaidhc Taim céard a dhúisigh é. Ní raibh a fhios aige cén t-am é ná cé chomh fada is a bhí sé ina chodladh, ach ba mhór an trua é gur dúisíodh é, a cheap sé, mar bhí brionglóid dheas aige ag an am. Bhí a bhean chéile ann agus na gasúir, iad amuigh ar an bportach, móin á gróigeadh acu mar a dhéanaidís chuile bhliain. Ba é an t-am ba dheise dá shaol é. Ach d'fhás na gasúir. D'imigh a bhean ar shlí na fírinne agus d'imigh na blianta beagnach i ngan fhios. Seanduine a bhí anois ann, ar nós na ndaoine aosta a dtugaidís seandaoine orthu fadó. Pinsinéir bodhar bacach ach bhí sé in ann rud amháin a dhéanamh chomh maith is a rinne sé riamh é. Bhí sé in ann ceol draíochta a sheinm. Rith líne de chuid Raiftearaí trína intinn: "Ag seinm ceoil do phócaí folamh". Rinne sé gáire beag leis féin. Ní do phócaí folmha a bhí sé féin ag seinm ach do ghasúir óga a bhí sásta é a íoc as na scileanna a bhí aige mar cheoltóir a fhoghlaim uaidh.

Shíl Pádraig go raibh sé ina mhaidin mar go raibh solas an lae thart ar chuirtíní na fuinneoige. Bhraith sé nach raibh sé i bhfad ina chodladh, ach chaithfeadh sé go raibh codladh na hoíche déanta aige. Bhreathnaigh sé ar a uaireadóir agus thug sé faoi deara go raibh sé a leathuair tar éis a naoi. Bhí sé thar am aige éirí. Nach raibh bó le bleán aige? Obair an lae le déanamh? Chuimhnigh sé ansin nach raibh bó ná lao aige le fada. Is i mboscaí beaga a thagadh an bainne anois. Nach mór an t-athrú a bhí tagtha ar an saol, ón uair a mbíodh bainne ag bó, ubh ag cearc, agus fataí ag fás sna garrantaí. Ón siopa a thagadh chuile rud na laethanta seo. Cé a dúirt gur athraithe chun feabhais a bhí an saol? Bhí ar bhealaí áirithe, ach ní raibh ar bhealaí eile.

D'éirigh Pádraig. Dúirt sé paidir na maidne agus chuaigh sé chomh fada leis an gcisteanach. Bhí an áit ina cíor thuathail. Bhí líne an éadaigh briste, éadach ar fud an urláir. Nár dhúirt sé lena iníon go raibh an iomarca meáchain á chur aici ar an líne? Bheadh ar a fear céile caoi a chur air, agus bheadh uirthi féin na héadaí a níochán arís. Níos measa ná sin, bhí an teilifís fágtha air ag deamhan eicínt. Bhí an teilifís chéanna fágtha ansin ag caint leis féin ar feadh na hoíche, gan aird ar bith á tabhairt air. Ní hé gur thug sé féin mórán airde air, mar nach raibh sé in ann mórán a chloisteáil níos mó ó raidió ná ó theilifís. Chuardaigh sé go dtí gur aimsigh sé an deis leis an teilifís a mhúchadh. Chuir sé an raidió lena chluas go gcloisfeadh sé an raibh sé sin ar siúl chomh maith. Chuala sé duine ag rá, "Oíche mhaith." B'aisteach an dream iad nár aithin an mhaidin ón oíche.

Thug Pádraig faoi deara an dá fhidil a bhí ag an mbeirt óg a tháinig le ceol a fhoghlaim an oíche roimhe sin. Ní mó ná sásta a bheadh lucht an choláiste dá mbeadh a fhios acu go raibh siad fágtha ina ndiaidh acu. Ach ní bheadh sé féin ag inseacht orthu. Chuirfeadh sé in áit shábháilte iad go dtiocfaidís ar ais á n-iarraidh. Leag sé na huirlisí go cúramach ar an tolg sular réitigh sé tae dó féin. Tháinig sórt rann a bhíodh ag a bhean chéile trína intinn: "Maraithe le tae, agus maraithe gan é." Bhíodh go leor de na seanleaganacha cainte sin aici. D'airigh Pádraig uaidh go mór í. Bhí an teach folamh dá huireasa. Bhí an t-ádh leis ag an am céanna go raibh a iníon agus a fear ina gcónaí in aice leis.

Chuaigh Pádraig chomh fada leis an bhfuinneog agus tharraing sé na cuirtíní le solas an lae a ligean isteach. Bhí cosúlacht ar an lá gur ag éirí dorcha a bhí sé. "Lá báistí," a dúirt sé leis féin, "ach cén dochar? Ní bheidh orm dul in aon áit." Chuimhnigh sé ar an uair a mbíodh sé ina shuí go moch ar maidin le dul ag obair ar na bóithre don chomhairle chondae. Bhí na comrádaithe ar fad a bhí aige an uair sin ar shlí na fírinne anois, agus go leor nach iad. B'uaigneach an saol é a bheith beo agus lucht do linne ar fad imithe. "Oisín i ndiaidh na Féinne" an líne a chuaigh trína intinn. "Tuige ar fágadh daoine áirithe ar an saol níos faide ná daoine eile?" a d'fhiafraigh sé de féin, ach ní raibh freagra aige. Is faoi Dhia na ceisteanna sin a shocrú, a cheap sé, agus é ag suí síos ag ól a chuid tae.

Thaitin sé le Pádraig uaireanta go raibh sé bodhar, mar chloisfeadh sé rudaí nach gcloisfeadh daoine eile. Chloisfeadh sé ceol ina chloigeann, tiún nár chuala sé riamh cheana. Nó b'fhéidir gur chuala, ach go raibh sé dearmadta aige. Tharraingeodh sé a fhidil chuige agus chasfadh sé an tiún sin. Chas sé cúpla ceann mar sin ag cóisir na n-aostach agus bhí na seandaoine eile an-tógtha leo. Ní raibh siad cloiste acu féin ach an oiread go dtí sin. "Ceol na n-éan" a thug cuid acu orthu. "Ceol na sí," arsa duine eile. "Ceol na n-aingeal," a dúirt an tríú duine. Nach é an trua é nach raibh siad curtha ar téip aige, a smaoinigh sé. Chuile sheans go bhfágfadh a chuid ceoil an saol in éineacht leis féin, ach cén dochar? B'in nádúr an tsaoil: rudaí ag imeacht, rudaí ag teacht.

Bhíodh caint ar cheol na sí nuair a bhí Pádraig ina ghasúr, ceol a chloiseadh daoine nuair a bhídís amuigh san oíche, nó sa lá freisin amanta. Chuir sé féin ceist mar gheall air ar dhuine a tháinig ón raidió le hagallamh a dhéanamh leis uair amháin. Ba é a fhreagra siúd go gcaithfeadh sé go raibh na haerthonnta a thug raidió dúinn le leathchéad bliain nó mar sin anuas, go raibh siad ann riamh ach nach raibh deis ag na daoine breith orthu. B'fhéidir gur tharla sé anois is arís go raibh na coinníollacha cearta ann le fuaimeanna áirithe a chloisteáil agus gur air sin a thugadh daoine ceol na sí. Ní raibh a fhios ag Pádraig an raibh sé sin ceart nó mícheart, ach thaitin an freagra a thug sé siúd leis.

"B'fhéidir gurb iad na súile atá ag imeacht anois," a dúirt Pádraig leis féin. Bhí na cuirtíní ar oscailt agus an mhaidin ag dorchú de réir a chéile. Bhí sé sách dona na cluasa a bheith imithe, ach céard a dhéanfadh sé dá n-imeodh na súile? Tháinig sólás as an smaoineamh. "Bheadh ceol agam i gcónaí. Sin é an rud is deireanaí a imeoidh."

* * *

"Fág seo go beo," arsa Jessica le Simon, a bhí ag siúl go bacach ina diaidh, tar éis dóibh tigh Phádraig Mhaidhc Taim a fhágáil.

"Caithfidh mé suí síos in áit eicínt," ar seisean. "Tá mo chos go dona tinn." Shuigh siad síos ar bhalla cloiche chomh luath is a bhí siad imithe as amharc ón teach ceann tuí. "Céard é sin i do lámh?" a dúirt Simon, é ag breathnú ar an éadach bán a bhí ar iompar ag Jessica beagnach i ngan fhios di féin.

"Bríste an cheoltóra, is dóigh," ar sise.

Thóg Simon ina lámha iad. "Ní bríste ceart é sin ach *jocks* fada le caitheamh taobh istigh den treabhsar."

"Bhí sé dorcha," arsa Jessica, "agus rug mé ar na

rudaí ba ghaire do mo lámh. Ní raibh a fhios agam céard a bhí ann, mar go raibh tú le titim."

"D'fhéadfadh sé go bhfuil an chumhacht iontu seo chomh maith céanna," a dúirt Simon.

"Nach féidir leat triail a bhaint astu nuair a ghabhfas tú abhaile?" a dúirt Jessica.

"Táim ag iarraidh é a dhéanamh anois," ar seisean.

"Shíl me go raibh do chos tinn?"

"Tá, ach táim ar bís lena fháil amach an bhfuil bua i dtreabhsar an cheoltóra."

"Cén chaoi a ndéanfaidh tú é sin?" a d'fhiafraigh Jessica. "Tá an dá fhidil fágtha inár ndiaidh againn."

"Téigh ar ais á n-iarraidh," arsa Simon.

"Is beag an baol. Téigh tú féin ar ais. Níl mise ag dul in aice leis an áit sin níos mó."

"Nílimse in ann," an leithscéal a bhí ag Simon. "Tá mo ruitín tinn."

"Beimid i dtrioblóid le lucht an choláiste," an dearcadh a bhí ag Jessica, "muna dtagann muid ar ais leis na huirlisí ceoil."

Bhí plean ag Simon. "Déarfaidh mise le bean an tí gur fhág muid i dteach a hathar iad, mar nár mhúin sé ceacht ar bith dúinn anocht."

"Céard faoi más caite ar an urlár atá an dá uirlis? Bhí an oiread sin deifir orainn ag imeacht nach bhfuil a fhios agam cén áit ar fhágamar iad."

Bhí éadach an tseanfhir i lámh Simon. "Céard a dhéanfaimid leis an rud seo go dtí go mbeidh na huirlisí faighte ar ais againn?"

"Cuir ort faoi do threabhsar féin é," an moladh a bhí ag Jessica. "Nach in é an áit is sábháilte."

"Breathnóidh mé aisteach."

Rinne Jessica gáire. "Nach bhfuil tú aisteach cheana féin."

Bhí cuma ar Simon go raibh sé gortaithe. "Níl tú féin ag breathnú chomh hiontach sin ach an oiread," a d'fhreagair sé, agus pus air.

"Téigh chuig an gceilí mar sin," arsa Jessica go borb, "agus faigh duine a thaitneoidh níos fearr leat." Shiúil sí uaidh, a folt gruaige á chaitheamh siar aici ar nós cuma liom.

"Ca bhfuil tú ag dul?"

"Nach cuma duit," a dúirt Jessica.

Chroch Simon an t-éadach ina lámh. "Céard a dhéanfas mé leis seo?"

"Cuir i do rogha áit é."

Bhí Simon trína chéile. Níor thuig sé céard a bhí tar éis tárlú. Bhí sé féin agus Jessica mór lena chéile nóiméad amháin, agus ansin, gan choinne, bhí siad briste amach lena chéile. Bhí a fhios aige nár cheart dó a rá nár bhreathnaigh sí iontach, ach nach raibh sise tar éis é a mhaslú? Nár dhúirt sí gur bhreathnaigh sé aisteach? An raibh sé as bealach nuair a dúirt buachaill a leithéid agus ceart nuair a dúirt cailín mórán an rud céanna? "Peataireacht atá ar siúl aici," a dúirt sé leis féin. "Bíodh aici. Tá sé thar am aici fás suas."

Bhí sé ar intinn ag Simon dul chuig an gcéilí agus dul ag damhsa leis an gcailín is deise a bhí ann. Mhúinfeadh sé sin ceacht do Jessica. Tháinig an phian ar ais ina chos nuair a thosaigh sé ag siúl. Bheadh sé níos measa arís dá ngabhfadh sé ag damhsa. Mhothaigh sé go raibh an saol ar fad iomptha ina choinne. Rinne sé iarracht cic a thabhairt do channa stáin a bhí caite le taobh an bhóthair, ach ghortaigh sé sin a rúitín freisin. Thug sé faoi deara duine de na múinteoirí ón gcoláiste ag teacht ina threo. Phioc sé suas an canna agus chuir sé i mbosca an bhruscair é. "Maith an fear," a dúirt an múinteoir agus é ag dul thairis. "Faraor nach bhfuil gach duine ar an gcúrsa chomh coinsiasach leat."

Mhothaigh Simon níos fearr ann féin, mar go raibh dea-ghníomh beag déanta aige. Thograigh sé dul chuig Pádraig Mhaidhc Taim leis na huirlisí a iarraidh ar ais. Thabharfadh sé sin deis dó labhairt le Jessica agus a bheith mór léi arís. Chuir sé éadach an tseanfhir i bhfolach i dtom aitinne agus shiúil sé i dtreo an tí.

Tháinig imní ar Simon nuair a shroich sé an teach ceann tuí. Céard a dhéanfadh sé? Céard a déarfadh sé? Cén leithscéal a bheadh aige gur fágadh na huirlisí ina ndiaidh, go raibh éadach uile an tseanfhir tite ón líne, go raibh an líne briste? B'fhéidir le Dia go mbeadh an seanfhear ina chodladh fós agus gan aon rud tugtha faoi deara aige. Ní bheadh ar Simon ach siúl isteach agus an dá fhidil a thabhairt leis.

Ach ní mar a shíltear . . . D'oscail Simon an doras go cúramach nuair nach raibh aon fhreagra ar a chnagadh. Bhí Pádraig Mhaidhc Taim suite ina chathaoir bhog, a shúile dúnta, a fhidil á casadh aige. Bhí an raidió agus an teilifís múchta, fonn mall draíochta ag teacht ón bhfidil, fuaim chomh deas is a chuala Simon riamh. Shíl sé go dtí sin nach raibh cáil Phádraig tuillte go huile is go hiomlán aige, ach bhí a fhios aige anois gurb eisean an máistir i ndáiríre.

Thug Simon faoi deara na huirlisí a bhí aige féin agus ag Jessica le taobh a chéile ar an tolg. Smaoinigh sé ar iad a thabhairt leis i ngan fhios do Phádraig le linn dó a bheith ag seinm, a shúile dúnta, a chluasa bodhar. Bhí Simon ar tí breith ar na húirlisí ceoil nuair a leag Pádraig uaidh a bhogha.

"Tá sibh ar ais," a dúirt sé.

"Tá mise ar ais," arsa Simon os ard, ach ní raibh a fhios aige ar chuala Pádraig é nó nár chuala.

"Cá bhfuil an cailín?"

"Tá sí ag an gcéilí," a d'fhreagair Simon cé nach raibh a fhios aige cá raibh sí i ndáiríre.

"Suigh síos agus cas an píosa a thug mé duit le foghlaim," a dúirt an seanfhear. Bhí Simon ag súil le híde béil faoi líne an éadaigh a bheith briste, ach de réir cosúlachta ní raibh sé sin ag cur as do Phádraig. Bhí na héadaí tarraingthe i leataobh agus fágtha i gcarnán le taobh na tine in aice leis féin.

"An bhfuil tú fuar?" a d'fhiafraigh Pádraig nuair a bhí a fhidil á fáil faoi réir ag Simon. Rug sé ar léine ón gcarnán lena thaobh agus chaith sé isteach sa tine í.

"Éadach glan atá ansin," a dúirt Simon.

"Níl sé glan níos mó," an freagra a fuair sé. "Lean ort leis an gceol."

Rinne Simon a mhíle dícheall, ach bhí a fhios aige nach raibh ag éirí leis. Bhí Pádraig ag breathnú air ar nós go raibh trua aige dó, a chloigeann ag dul ó thaobh go taobh. "Cén dochar," a dúirt sé nuair a chríochnaigh Simon.

"Tá sé seo ródheacair," ar sé, díomá air.

"An bhfuil tú in ann marcaíocht ar rothar?" a dúirt an seanfhear. "Nó *bicycle*, mar a thugann muide air."

"Táim," arsa Simon, "ó bhí mé i mo ghasúr."

"Ar thit tú cúpla uair sular éirigh leat?"

"Go mion minic," a d'fhreagair Simon.

"An raibh do ghlúine gearrtha, do lámha stróicthe?"

"Bhí, is dóigh. Ní cuimhneach liom."

"I bhfocla eile, ní raibh sé éasca. Ní raibh sé furasta?" a d'fhiafraigh an seanfhear. "Theastaigh cleachtadh?"

"Bím ag cleachtadh," a d'fhreagair Simon, "ach feictear dom nach bhfuil mé ag déanamh aon mhaith."

"Lean leis an gcleachtadh," arsa Pádraig. "Tiocfaidh an lá a mbeidh sé ar nós an rothair. Beidh sé ag imeacht leis féin i ngan fhios duit." Rug sé ar a fhidil agus bogha agus dúirt sé le Simon cathaoir a tharraingt isteach lena thaobh agus aithris a dhéanamh ar gach a ndéanfadh sé féin. Rinne sé gach cuid den tiún ina phíosa agus ina phíosa, an rud ceannann céanna á dhéanamh ag Simon ina dhiaidh. "Déan sin fiche uair in aghaidh an lae," a mhol Pádraig, "agus cuirfidh mé geall go mbeidh sé ar eolas agat nuair a thiocfas tú ar ais arís."

"Tuige a bhfuil tú ag dó an éadaigh?" a dúirt Simon nuair a bhí siad críochnaithe. Shíl sé go raibh aithne sách maith aige ar an seanfhear faoin am sin le ceist mar í a chur.

"Níor tugadh dóthain móna isteach le haghaidh na tine," an freagra a fuair sé.

"Fan go dtabharfaidh mise gabháil mhóna isteach duit," arsa Simon. Chuaigh sé amach chuig an gcruach mhóna agus thug sé leis an oiread is a bhí sé in ann a iompar. Ansin ghabh sé buíochas as an gceacht ar an bhfidil.

"Gach ar fhoghlaim tú anocht," arsa Pádraig, "beidh ortsa an rud céanna a mhúineadh don chailín a bhí in éindí leat an oíche cheana."

* * *

Faoin am ar chríochnaigh céilí na nGaeilgeoirí bhí Jessica ag baint taitnimh as an oíche. Níorbh é Simon an t-aon bhuachaill ar an saol, a cheap sí. B'fhéidir go raibh sí ró-óg le bheith mór le buachaill amháin in áit a bheith ag meascadh le chuile dhuine. Bhraith sí dubh dorcha nuair a chuaigh sí chuig an gcéilí i dtosach, ach tar éis di an oíche a chaitheamh ar an urlár agus ag caint leis na cailíní eile idir na damhsaí, mhothaigh sí i bhfad níos fearr.

"Cá bhfuil an hunc?" a d'fhiafraigh duine de na cailíní nuair a shroich sí an halla, í idir dhá chomhairle ar cheart di dul abhaile agus a cloigeann a chur faoi éadach na leapan le go gcaoinfeadh sí a dóthain tar éis briseadh amach le Simon.

"Ghortaigh sé a rúitín ar an bpáirc peile," an freagra a thug sí. "Ní bheadh sé in ann rince."

"Shílfeá go mbeifeá ag tabhairt aire don fhear bocht," arsa an cailín eile.

"Ní gasúr ar bith é," ar sise go héadrom. "Tá sé in ann aire a thabhairt dó féin."

"Seachain nach bhfaighidh sé cailín eile le haire a thabhairt dó."

"Bíodh acu," arsa Jessica. "Ní mé a mháthair." Chonaic sí ag an nóiméad sin é, agus é bacach, ag teacht isteach doras an halla. Shuigh sé síos ar an bpointe, ar nós gur theastaigh uaidh meáchan a bhaint dá chos ghortaithe. Chuaigh Jessica anonn agus shuigh sí lena thaobh. "Ní raibh mé chomh sasta riamh aon duine a fheiceáil."

"Tuige a raibh muid ag troid?"

Chroith Jessica a guaillí. "Níl a fhios agam cén chaoi ar tharla sé."

Tháinig meangadh beag gáire ar a bhéal. "Glacaim le do leithscéal."

Spréach Jessica. "Mo leithscéal! Is tusa ba cheart leithscéal a ghabháil."

"Tá brón orm gur ghortaigh mé thú."

"Tá brón ormsa chomh maith," arsa Jessica go ciúin.

"D'airigh mé uaim thú."

"Ní raibh mé imithe ach cúpla uair an chloig."

"Tá cosúlacht ortsa gur bhain tú an-taitneamh as an gcéilí," a dúirt Simon.

"B'fhearr liom a bheith in éineacht leatsa."

"Níl tú ach á rá sin."

Thug Jessica póg bheag dó. Thosaigh na daoine óga eile ba ghaire dóibh ag gleo agus ag liúradh. "Póg! Póg! Póg!" Bhí náire ar Simon agus tharraing sé cúl a láimhe trasna a bhéil.

"Tuige a ndearna tú é sin?" a dúirt Jessica.

"Céard a rinne mé?"

"Ghlan tú mo phóg ó do bhéal."

"Bhí na míoltóga beaga sin ag cur as dom," an leithscéal a bhí ag Simon, ach ní raibh Jessica an-chinnte. Thug sí póigín eile dó. Chrom Simon a chloigeann ar nós go raibh náire air, ach níor ghlan sé a bhéal léna lámh an uair seo.

"Siúlfaidh mé chomh fada le do dhoras leat," a dúirt Jessica. "Beidh tú in ann do mheáchan a scaoileadh anuas ar mo ghualainn ar mhaithe le do chos. Dála an scéil, cá raibh tusa go dtí seo?"

D'inis sé di go raibh sé féin agus an seanfhear ag casadh ceoil in eindí. Shiúil siad leo gan mórán a rá, iad ag cuimhneamh siar ar imeachtaí an lae agus ar an gcéad achrann beag a tharla eatarthu. Ba é Simon a bhris an tost.

"B'fhéidir gurbh fhearr leat níos mó ama a chaitheamh leis na cailíní."

"Tuige?" a dúirt Jessica. "An é atá tú a rá gur fearr leatsa níos mó ama a chaitheamh le do dheaideo nua? Nó an bhfuil cailín eile faighte agat?"

"Níl suim agamsa ach in aon chailín amháin."

Rug Jessica i ngreim láimhe air agus d'fhaisc sí í sular rith sí isteach geata an tí.

* * *

Thit Phádraig Mhaidhc Taim ina chodladh ina chathaoir bhog lena fhidil ina lámh chlé. Chodail sé chomh minic ar an gcathaoir is a chodail sé ina leaba. Ní raibh a fhios aige leath den am an raibh sé ina lá nó ina oíche, agus ba chuma leis. Ní raibh air rud ar bith a dhéanamh. Thugadh sé rang do dhuine óg nó beirt ón gcúrsa Gaeilge nuair a d'iarradh a iníon air é sin a dhéanamh. Ba leis féin an chuid eile den am, idir chodladh is dúiseacht, brionglóid lae nó brionglóid oíche.

Thug brionglóid na hoíche sin chuig Fleadh Cheoil é in áit eicínt nár aithin sé cé gur aithin sé go leor de na daoine a bhí ann. Bhí cuid acu ar scoil leis, agus ní fhaca sé cheana iad le ceithre scór bliain. Chonaic sé ceannaitheoirí a thagadh chuig an aonach fadó, fir mhóra ó Thuaisceart Éireann, buataisí arda leathair ceangailte chomh hard leis na glúine orthu.

Ag seinm cheoil a bhí siad ina bhrionglóid in áit beithígh a cheannacht, an sórt ceoil a chloiseadh sé ón teilifís nuair a bhídís ag máirseáil ó thuaidh ar an dara lá déag de mhí Iúil. Bhí ceoltóirí eile ann a d'fheicteá ar stáitse sna bannaí ceoil a bhíodh ag seinm ag damhsaí, lucht válsaí agus *jazz*. An rud is mó a chuir iontas ar Phádraig ná nach raibh na stíleanna éagsúla ceoil ag teacht trasna ar a chéile in ainneoin chomh difriúil óna chéile is a bhí siad. Dhúisigh sé de gheit nuair a thit an fhidil as a lámh.

Bhí Pádraig ar buile leis an bhfidil mar níor theastaigh uaidh brionglóid chomh deas a fhágáil ina dhiaidh. Smaoinigh sé go mb'fhéidir gur léargas beag ar na flaithis a bhí faighte aige. Cá bhfios nach raibh sé imithe den saol ar feadh tamaill fiú amháin? Chaith sé a shaol ag smaoineamh ar cárb as ar tháinig na brionglóidí agus bhí sé tagtha ar an tuairim gur leidí beaga ar an saol eile nó ar na saolta eile a bhí iontu. Tuige nach mbeadh níos mó ná saol eile amháin ann? Ní raibh amhras ar bith air ach go raibh a bhean ar cheann de na saolta sin. Nach raibh sí feicthe go minic aige ina chuid brionglóidí? Níorbh fhada anois go mbeidís le chéile arís.

Chuimhnigh Pádraig ar an bhfear óg a thug an mhóin isteach. Ar tharla sé sin i ndáiríre nó an brionglóid a bhí ann? Bhí cuid den mhóin ansin fós le taobh na tine. Chruthaigh sé sin go raibh mo dhuine ann. Nár chas siad ceol lena chéile? Sin é. Ag foghlaim a bhí mo dhuine, go leor le foghlaim fós aige. Chaith Pádraig cúpla fód móna eile ar an tine, a dhóthain len é a choinneáil te go ceann tamaill. Chuimhnigh sé gur thaitin an boladh a bhí ar na héadaí dóite leis. Chaith sé geansaí agus treabhsar a bhí lena thaobh ar an urlár ar an tine chomh maith. Choinneodh sé sin lasta go maidin í, a dúirt sé leis féin. Bheadh a iníon ann an uair sin lena bhricfeasta. Luigh sé siar agus níorbh fhada go raibh sé ina chodladh arís.

* * *

Bhí scéal ag Simon do Jessica nuair a shuigh siad le taobh a chéile sular thosaigh na ranganna Gaeilge. "An bhfuil a fhios agat céard a rinne Deaideo aréir? Chaith sé a chuid éadaigh uilig ar an tine le dó."

Bhí trua ag Jessica dó. "An fear bocht. Cé a dúirt é sin leat?"

"A iníon. Bean an tí s'againne. Chuaigh sí chuig an teach ar maidin lena bhricfeasta. Fuair sí ina shuí ar an gcathaoir é, chuile rud a bhain leis dóite sa tine."

"Is muide atá ciontach," an freagra a thug Jessica.

"Cén chaoi ciontach?" a d'fhiafraigh Simon. "Thug mise móin isteach chuige aréir mar nach raibh aon rud aige le cur ar an tine."

"Tuige ar las sé na héadaí mar sin?"

"Cá bhfios domsa? Rith sé amach as móin, is dóigh."

"Tá an t-ádh orainn nár las sé na huirlisí chomh maith," arsa Jessica.

"Níl a fhios ag an bhfear bocht céard atá ar siúl aige leath den am."

Is beag atáimid in ann a dhéanamh faoi anois," an dearcadh a bhí ag Simon.

"Is cuma liomsa faoin gceol níos mó," a dúirt Jessica. "Ní chaillfinn néal codlata muna bhfeicfinn fidil arís go deo."

"Tuige a raibh tú ag dul chuig na ranganna mar sin?"

"Le bheith in éineacht leatsa," ar sise.

Bhí an múinteoir ranga tagtha isteach sa seomra i ngan fhios dóibh. Sheas sé tamall ag breathnú ar Jessica agus Simon ag caint agus ag argóint sular fhiafraigh sé, "An bhfuil gach rud ceart ansin?"

"Tá," a d'fhreagair siad d'aon ghuth. Is beag a bhí siad in ann a rá le chéile an fhad is a bhí an múinteoir ag caint ar leaganacha áitiúla cainte agus ar chúrsaí gramadaí. Bhí droch-cháil ar ghramadach go minic, a dúirt sé, ach ní bheadh cuma ná caoi ar theanga dá huireasa. Labhair Simon le Jessica i gcogar nuair a bhí an múinteoir ag scríobh ar an gclár bán.

"An bhfuil tú i ndáiríre faoi sin?"

"Faoi céard?"

"Gur le bheith in éindí liomsa a chuaigh tú chuig na ranganna ceoil?" a dúirt Simon, a lámh á leagan aige ar lámh sise.

Chroith Jessica a guaillí ach níor fhreagair sí.

"Tá an tráthnóna ar fad ag daoine le bheith ag caint," a dúirt an múinteoir nuair a chas sé timpeall. "Ní tharlaíonn tada i ngan fhios domsa. Tá súile i gcúl mo chinn agam."

Bhain sé sin gáire beag amach agus lean an rang ar aghaidh. Nuair a rinne Simon iarracht rud a scríobh ar chóipleabhar Jessica bhuail sí ar chúl a láimhe é. Bhreathnaigh an múinteoir orthu. "An bhfuil deacracht eicínt anseo?"

"Tá," a d'fhreagair Simon, "Faoin modh coinn-íollach." Rinne gach a raibh sa rang gáire. Chuaigh an múinteoir síos agus bhreathnaigh sé ar chóipleabhar Jessica. "Cén sórt Gaeilge í seo? – *Iluvu2*?

Thosaigh a raibh sa rang ag fógairt. "Grá. Grá. Grá. Póg. Póg. Póg." Bhí Jessica chomh náirithe gur rith sí amach as an rang.

* * *

Bhí a cheann faoi ag Pádraig Mhaidhc Taim. Bhí sé tar éis íde na muc is na madraí a fháil óna iníon mar go raibh a chuid éadaigh uile, nach mór, dóite sa tine aige. Bhí sí ar buile leis. Ní raibh de rogha aici, a dúirt sí, ach *stove* a chur isteach in áit na tine oscailte, ach cén mhaith é sin? D'fhéadfadh sé a chuid éadaigh a lasadh sa *stove* chomh maith céanna. Luaigh sí teach altranais cúpla uair agus scanraigh sé sin é níos mó ná rud ar bith. B'in é an áit ina gcuirfidís na seandaoine nach raibh ar a gcumas aire a thabhairt dóibh féin. Teach na mBocht fadó a thug sé sin chun c uimhne. B'fhearr le formhór mór na ndaoine bás a fháil ná dul isteach ina leithéid d'áit. Shíl sé ar feadh tamaill go dtosódh a iníon ag caoineadh, agus í ag fiafraí di féin os ard, "Céard atáimid ag dul a dhéanamh leat?"

"Ní dhéanfaidh mé arís é," a gheall sé, ar nós gur buachaill beag é a raibh rud eicínt as bealach déanta aige. Chuir sé iontas air i gcónaí an chaoi ar athraigh glúin óg isteach ina sórt tuismitheoirí ag na sean, agus na seandaoine isteach ina ngasúir.

"Ní dhéanfaidh tú arís é," a d'fhreagair a iníon, "mar nach bhfaighidh tú deis é a dhéanamh arís. Beidh an teas lárnach casta air, agus ní lasfar tine ar an teallach sin arís go deo," a d'fhógair sí, ar nós gurb í a mháthair í.

"B'fhéidir nach mbeadh dochar ar bith dul isteach sa teach altranais sin," a dúirt Pádraig. "B'fhéidir nach mbeadh an dream atá i gceannas comh géar orm is atá tusa."

"Chomh géar is atá mise?" a d'fhiafraigh a iníon. "Nach ar mhaithe leat atá mé! D'fhéadfadh an teach a bheith lasta agat, agus tú dóite i do bheatha."

"Ach níor las," a d'fhreagair Pádraig.

"Níl éadach ar bith fanta agat ar fiú tracht air," ar sise. "Céard atá tú ag dul a chaitheamh?"

"Déanfaidh na giobail atá orm mé," a d'fhreagair sé.

"Céard a dhéanfaidh tú nuair a thiocfaidh daoine le ceol a fhoghlaim?" a d'fhiafraigh a iníon, ar buile. "Céard a fheicfeas siad? Ceoltóir gan treabhsar, ceoltóir gan bhríste? Gan na *longjohns* féin?

"Rachaidh mé chuig an mbaile mór," a dúirt Pádraig. "Bíonn éadaí saora ann lá aonaigh."

"Is ar éigean atá tú in a dhul chuig an leithreas, gan

trácht ar an mbaile mór," a d'fhreagair a iníon. "Agus ní raibh aonach ar an mbaile mór le cuimhne na ndaoine."

"Is cuimhneach liomsa é," a dúirt Pádraig.

"Oisín i ndiaidh na Féinne," ar sise.